LIEBESERKLÄRUNG AN MEINEN HUND

CHALLENGE BOOK

SASKIA LANKEN

STECKBRIEF

Dein Name:
Name deines Hundes:
Rasse und Alter des Hundes:
Seit wann ist der Hund bei dir?:

Drei Worte, die deinen Hund beschreiben:

Lieblingsbeschäftigung deines Hundes:

Lieblingsspielzeug oder -platz:

Schönstes gemeinsames Erlebnis:

Eine lustige oder ungewöhnliche Angewohnheit deines Hundes:

Was bedeutet dein Hund für dich?

FOTO

DATUM:

SPIEL UND SPASS

ERLEDIGT

VERSTECKSPIEL-CHALLENGE

1

VERSTECKE EIN LECKERLI ODER EIN SPIELZEUG IM HAUS UND FORDERE DEINEN HUND AUF, ES ZU FINDEN.

WIE LANGE HAT DEIN HUND GEBRAUCHT, UM DAS VERSTECK ZU FINDEN? HAT ER EINE BESTIMMTE STRATEGIE ANGEWENDET?

ERLEDIGT

HINDERNISPARCOURS-CHALLENGE

2

BAUE EINEN HINDERNISPARCOURS IM GARTEN AUF UND FÜHRE DEINEN HUND DURCH VERSCHIEDENE ELEMENTE WIE HÜRDEN, TUNNEL UND SLALOMSTANGEN.

WIE SCHNELL KONNTE DEIN HUND DEN PARCOURS ABSOLVIEREN? GAB ES HINDERNISSE, DIE IHM BESONDERS LEICHT ODER SCHWER GEFALLEN SIND?

ERLEDIGT

TRICK-LERN-CHALLENGE

3

LEHRE DEINEM HUND EINEN NEUEN TRICK, DEN ER BISHER NICHT BEHERRSCHT HAT, WIE ZUM BEISPIEL DAS DREHEN IM KREIS ODER DAS BELLEN AUF KOMMANDO.

WIE LANGE HAT DEIN HUND GEBRAUCHT, UM DEN NEUEN TRICK ZU ERLERNEN? WIE REAGIERT ER AUF BELOHNUNGEN WÄHREND DES LERNPROZESSES?

ERLEDIGT

WASSER-SPASS-CHALLENGE

4

ORGANISIERE EINE WASSERSPIELSESSION FÜR DEINEN HUND, SEI ES IM PLANSCHBECKEN, AM SEE ODER AM MEER.

WIE HAT DEIN HUND AUF DAS WASSER REAGIERT? HAT ER GERNE IM WASSER GESPIELT ODER WAR ER EHER ZURÜCKHALTEND?

ERLEDIGT

SCHNITZELJAGD-CHALLENGE

5

STELLE EINE SCHNITZELJAGD IM PARK ODER IM WALD ZUSAMMEN, INDEM DU LECKERLIS ODER SPIELZEUG ENTLANG EINES PFADES VERSTECKST UND DEINEN HUND DIE SPUR FOLGEN LÄSST.

WIE GUT HAT DEIN HUND DIE SPUREN VERFOLGT? HAT ER SICH SCHNELL AN DIE SUCHE GEMACHT ODER MUSSTE ER SICH ERST EINFINDEN?

ERLEDIGT

FRISBEE-FANG-CHALLENGE MIT HINDERNISSEN

6

BAUE EINEN HINDERNISPARCOURS IM GARTEN AUF UND FORDERE DEINEN HUND HERAUS, DABEI EINEN FRISBEE ZU FANGEN.

EUER FOTO

ERLEDIGT

APPORTIER-CHALLENGE

7

BRINGE DEINEM HUND BEI, GEGENSTÄNDE WIE BÄLLE ODER STÖCKE ZU APPORTIEREN UND SIE DIR ZURÜCKZUBRINGEN.

WIE ZUVERLÄSSIG BRINGT DEIN HUND DIE GEGENSTÄNDE ZURÜCK? HAT ER DABEI EINE BEVORZUGTE TECHNIK?

ERLEDIGT

VERKLEIDUNGS-CHALLENGE

8

VERKLEIDE DEINEN HUND IN LUSTIGE KOSTÜME UND VERANSTALTE EIN FOTOSHOOTING.

WIE REAGIERT DEIN HUND AUF DAS TRAGEN VON KOSTÜMEN? FÜHLT ER SICH WOHL ODER IST ER EHER UNBEHAGLICH?

ERLEDIGT

GESCHMACKS-TEST-CHALLENGE

9

BIETE DEINEM HUND EINE AUSWAHL AN VERSCHIEDENEN LECKERLIS UND BEOBACHTE, WELCHE ER BEVORZUGT.

WELCHE LECKERLIS HAT DEIN HUND AM LIEBSTEN GEGESSEN? HAT ER BESTIMMTE VORLIEBEN ENTWICKELT?

ERLEDIGT

VERKLEIDUNGS-MODENSCHAU-CHALLENGE 10

ORGANISIERE EINE MODENSCHAU FÜR HUNDE, BEI DER DU DEINEN HUND IN VERSCHIEDENEN KOSTÜMEN PRÄSENTIERST.

EUER FOTO

ERLEDIGT

GERÄUSCHE-TRAINING-CHALLENGE 11

TRAINIERE DEINEN HUND DARAUF, AUF SPEZIFISCHE GERÄUSCHE WIE PFEIFEN ODER KLATSCHEN ZU REAGIEREN.

WIE SCHNELL HAT DEIN HUND GELERNT, AUF DIE GERÄUSCHE ZU REAGIEREN? HAT ER SCHWIERIGKEITEN, ZWISCHEN VERSCHIEDENEN SIGNALEN ZU UNTERSCHEIDEN?

ERLEDIGT

GEMEINSAMES YOGA-CHALLENGE

12

MACH YOGA-ÜBUNGEN MIT DEINEM HUND, INDEM DU IHN IN VERSCHIEDENE POSITIONEN WIE DEN HUND ODER DIE KATZE EINBEZIEHST.

WIE REAGIERT DEIN HUND AUF DIE YOGA-ÜBUNGEN? KANN ER SICH ENTSPANNEN ODER IST ER EHER VERSPIELT?

ERLEDIGT

13

FOTOSHOOTING-CHALLENGE

PLANE EIN FOTOSHOOTING MIT DEINEM HUND IN VERSCHIEDENEN UMGEBUNGEN UND POSEN.

WIE GUT KOOPERIERT DEIN HUND WÄHREND DES SHOOTINGS? HAT ER SPASS DARAN, IM MITTELPUNKT ZU STEHEN?

ERLEDIGT

14

WASSERSPIELSPASS MIT SPRINKLER

STELL EINEN WASSERSPRINKLER IM GARTEN AUF UND LASS DEINEN HUND DEN SPRITZENDEN WASSERSTRAHL EINFANGEN UND SPIELEN.

EUER FOTO

ERLEDIGT

GESCHWINDIGKEITS-CHALLENGE

15

MESS DIE HÖCHSTGESCHWINDIGKEIT DEINES HUNDES, INDEM DU IHN ZUM SPRINT ANREGST UND SEINE GESCHWINDIGKEIT MIT EINEM MESSGERÄT VERFOLGST.

WIE SCHNELL KANN DEIN HUND LAUFEN? GIBT ES FAKTOREN, DIE SEINE GESCHWINDIGKEIT BEEINFLUSSEN?

ERLEDIGT

16

KUSCHEL-CHALLENGE

VERBRING EINE STUNDE NUR MIT KUSCHELN UND STREICHELN MIT DEINEM HUND, OHNE ABLENKUNG DURCH TECHNOLOGIE ODER ANDERE AKTIVITÄTEN.

WIE REAGIERT DEIN HUND AUF DIE INTENSIVE KUSCHELZEIT? ENTSPANNT ER SICH ODER WIRD ER UNRUHIG?

ERLEDIGT

INTELLIGENZSPIELZEUG -CHALLENGE

17

GIB DEINEM HUND EIN INTELLIGENZSPIELZEUG, DAS ER LÖSEN MUSS, UM AN LECKERLIS ODER SPIELZEUG ZU GELANGEN.

WIE SCHNELL KANN DEIN HUND DAS SPIELZEUG LÖSEN? WELCHE STRATEGIEN VERWENDET ER DABEI?

ERLEDIGT

MUSIKALISCHE BEGLEITUNG-CHALLENGE 18

SPIEL VERSCHIEDENE MUSIKSTÜCKE AB UND BEOBACHTE DIE REAKTION DEINES HUNDES DARAUF.

WELCHE MUSIKRICHTUNG BEVORZUGT DEIN HUND? HAT DIE MUSIK EINE BERUHIGENDE ODER ANREGENDE WIRKUNG AUF IHN?

ERLEDIGT

FUSSBALLSPIEL-CHALLENGE

19

SPIELE EINE RUNDE FUSSBALL MIT DEINEM HUND, INDEM DU IHM BEIBRINGST, DEN BALL ZU KICKEN UND ZU DRIBBELN.

WIE GUT KANN DEIN HUND FUSSBALL SPIELEN? HAT ER SPASS AM SPIEL?

ERLEDIGT

FUSSBALL-DRIBBEL-CHALLENGE

20

SPIELE EINE RUNDE FUSSBALL MIT DEINEM HUND UND FORDERE IHN HERAUS, DEN BALL ZU DRIBBELN UND TORE ZU SCHIESSEN.

EUER FOTO

ERLEDIGT

GARTENARBEIT-CHALLENGE

21

LASS DEINEN HUND BEIM GARTENARBEIT HELFEN, INDEM ER DIR BEIM PFLANZEN VON BLUMEN ODER BEIM JÄTEN HILFT.

WIE REAGIERT DEIN HUND AUF DIE GARTENARBEIT? IST ER INTERESSIERT ODER EHER ABGELENKT?

ERLEDIGT

NATURERKUNDUNGS-CHALLENGE

22

GEH MIT DEINEM HUND AUF EINE ENTDECKUNGSTOUR DURCH DIE NATUR UND BEOBACHTE GEMEINSAM DIE VERSCHIEDENEN GERÜCHE, TIERE UND PFLANZEN.

WELCHE ASPEKTE DER NATUR FASZINIEREN DEINEN HUND AM MEISTEN? WIE REAGIERT ER AUF NEUE GERÜCHE UND UMGEBUNGEN?

ERLEDIGT

SPIELZEUGBASTEL-CHALLENGE

23

BASTEL EIN NEUES SPIELZEUG FÜR DEINEN HUND AUS ALLTAGSGEGENSTÄNDEN UND BEOBACHTE SEINE REAKTION DARAUF.

WIE HAT DEIN HUND AUF DAS SELBSTGEMACHTE SPIELZEUG REAGIERT? HAT ES SEINEN INTERESSEN ENTSPROCHEN?

ERLEDIGT

NACHTWANDERUNGS-CHALLENGE

24

MACH EINE WANDERUNG MIT DEINEM HUND BEI NACHT UND ERLEBT ZUSAMMEN DIE ATMOSPHÄRE UND GERÄUSCHE DER NÄCHTLICHEN NATUR.

WIE HAT SICH DEIN HUND BEI DER NACHTWANDERUNG VERHALTEN? WAR ER AUFMERKSAMER ODER ÄNGSTLICHER ALS TAGSÜBER?

ERLEDIGT

KUNSTPROJEKT MIT PFOTENABDRÜCKEN

25

GESTALTE GEMEINSAM MIT DEINEM HUND EIN KUNSTPROJEKT, INDEM IHR MIT PFOTENABDRÜCKEN BILDER ODER GRUSSKARTEN KREIERT.

EUER FOTO

GESUNDHEIT UND FITNESS

ERLEDIGT

TÄGLICHE SPAZIERGANG-CHALLENGE

26

MACH JEDEN TAG EINEN SPAZIERGANG MIT DEINEM HUND, UM SEINE BEWEGUNG UND FITNESS ZU FÖRDERN.

WIE HAT SICH DIE KÖRPERLICHE VERFASSUNG DEINES HUNDES WÄHREND DER CHALLENGE VERBESSERT? HAT ER MEHR ENERGIE ODER AUSDAUER?

ERLEDIGT

FUTTERUMSTELLUNG-CHALLENGE

27

TESTE VERSCHIEDENE ARTEN VON HUNDEFUTTER UND BEOBACHTE, WIE SICH DIE GESUNDHEIT UND DAS WOHLBEFINDEN DEINES HUNDES VERÄNDERN.

- HAT SICH DIE ERNÄHRUNGSUMSTELLUNG POSITIV AUF DAS GEWICHT UND DIE VERDAUUNG DEINES HUNDES AUSGEWIRKT?

1.

ERLEDIGT

YOGA-ENTSPANNUNGS-CHALLENGE

28

MACH GEMEINSAM MIT DEINEM HUND YOGA-ÜBUNGEN ZUR ENTSPANNUNG UND STRESSREDUKTION.

EUER FOTO

ERLEDIGT

GEMEINSAMES LAUFTRAINING-CHALLENGE 29

BEGINNE EIN GEMEINSAMES LAUFTRAINING MIT DEINEM HUND, UM EURE AUSDAUER UND FITNESS ZU VERBESSERN.

WIE HAT SICH DIE LAUFLEISTUNG DEINES HUNDES WÄHREND DER CHALLENGE ENTWICKELT? HAT ER SPASS AM LAUFEN GEFUNDEN?

ERLEDIGT

ZAHNHYGIENE-CHALLENGE

30

FÜHRE EINE REGELMÄSSIGE ZAHNPUTZ-ROUTINE FÜR DEINEN HUND EIN, UM SEINE ZAHNHYGIENE ZU VERBESSERN.

WIE HAT SICH DER ZUSTAND DER ZÄHNE UND DES ZAHNFLEISCHES DEINES HUNDES WÄHREND DER CHALLENGE VERBESSERT?

ERLEDIGT

31

MENTALE STIMULATION-CHALLENGE

INTEGRIERE TÄGLICH MENTALE HERAUSFORDERUNGEN WIE RÄTSEL- ODER DENKSPIELE IN DIE ROUTINE DEINES HUNDES, UM SEINE GEISTIGE FITNESS ZU FÖRDERN.

HAT SICH DIE GEISTIGE AGILITÄT UND AUFMERKSAMKEIT DEINES HUNDES WÄHREND DER CHALLENGE VERBESSERT?

ERLEDIGT

SCHWIMM-TRAINING-CHALLENGE

32

BRINGE DEINEM HUND DAS SCHWIMMEN BEI ODER VERBESSERE SEINE SCHWIMMFÄHIGKEITEN DURCH REGELMÄSSIGES TRAINING IM WASSER.

WIE HAT SICH DIE SCHWIMMFÄHIGKEIT UND DAS VERTRAUEN DEINES HUNDES IM WASSER WÄHREND DER CHALLENGE ENTWICKELT?

ERLEDIGT

AGILITY-TRAINING-CHALLENGE

33

TRAINIERE MIT DEINEM HUND AUF EINEM AGILITY-PARCOURS, UM SEINE KOORDINATION UND GESCHICKLICHKEIT ZU VERBESSERN.

HAT SICH DIE GESCHICKLICHKEIT UND SCHNELLIGKEIT DEINES HUNDES AUF DEM PARCOURS WÄHREND DER CHALLENGE GESTEIGERT?

ERLEDIGT

BALANCE-BOARD-TRAINING-CHALLENGE

34

TRAINIERE DIE BALANCE UND STABILITÄT DEINES HUNDES MIT EINEM BALANCE-BOARD ODER EINER INSTABILEN UNTERLAGE.

EUER FOTO

ERLEDIGT

GELENKGESUNDHEITS-CHALLENGE

35

INTEGRIERE NAHRUNGSERGÄNZUNGSMITTEL ODER SPEZIELLE ÜBUNGEN IN DIE ROUTINE DEINES HUNDES, UM DIE GESUNDHEIT SEINER GELENKE ZU UNTERSTÜTZEN.

HAT SICH DIE MOBILITÄT UND FLEXIBILITÄT DEINES HUNDES WÄHREND DER CHALLENGE VERBESSERT?

ERLEDIGT

STRESSBEWÄLTIGUNGS-CHALLENGE

36

FÜHRE ENTSPANNUNGSÜBUNGEN WIE MASSAGE ODER ATEMTECHNIKEN IN DIE ROUTINE DEINES HUNDES EIN, UM SEINEN STRESS ZU REDUZIEREN.

HAT SICH DAS STRESSNIVEAU DEINES HUNDES WÄHREND DER CHALLENGE VERRINGERT? WIE REAGIERT ER AUF DIE ENTSPANNUNGSÜBUNGEN?

ERLEDIGT

GESUNDHEITSCHECK-UP-CHALLENGE

37

VEREINBARE REGELMÄSSIGE UNTERSUCHUNGEN BEIM TIERARZT, UM SICHERZUSTELLEN, DASS DIE GESUNDHEIT DEINES HUNDES OPTIMAL IST.

WIE HABEN SICH DIE GESUNDHEITSWERTE DEINES HUNDES WÄHREND DER CHALLENGE ENTWICKELT? GAB ES AUFFÄLLIGKEITEN, DIE BEHANDELT WERDEN MUSSTEN?

ERLEDIGT

MASSAGE-ENTSPANNUNGS-CHALLENGE

38

VERWÖHNE DEINEN HUND MIT REGELMÄSSIGEN MASSAGEEINHEITEN ZUR ENTSPANNUNG UND MUSKELLOCKERUNG.

EUER FOTO

ERLEDIGT

TRAILRUNNING-CHALLENGE

39

GEH MIT DEINEM HUND AUF TRAILRUNNING-ABENTEUER, UM SEINE AUSDAUER UND SEINE FÄHIGKEIT, UNEBENES GELÄNDE ZU BEWÄLTIGEN, ZU VERBESSERN.

WIE HAT SICH DIE AUSDAUER UND KRAFT DEINES HUNDES WÄHREND DER CHALLENGE VERBESSERT?

ERLEDIGT

STRETCHING-CHALLENGE

40

FÜHRE REGELMÄSSIGE STRETCHING-ÜBUNGEN MIT DEINEM HUND DURCH, UM SEINE FLEXIBILITÄT UND BEWEGLICHKEIT ZU FÖRDERN.

WIE HAT SICH DIE FLEXIBILITÄT UND BEWEGLICHKEIT DEINES HUNDES WÄHREND DER CHALLENGE VERÄNDERT?

ERLEDIGT

FLOH- UND ZECKENPRÄVENTIONS-CHALLENGE

41

TESTE VERSCHIEDENE METHODEN ZUR FLOH- UND ZECKENPRÄVENTION UND BEOBACHTE, WELCHE AM EFFEKTIVSTEN FÜR DEINEN HUND SIND.

HAT SICH DIE ANZAHL DER FLOH- UND ZECKENBISSE BEI DEINEM HUND WÄHREND DER CHALLENGE VERRINGERT?

ERLEDIGT

GESUNDE ERNÄHRUNGS-CHALLENGE

42

STELLE DEN ERNÄHRUNGSPLAN DEINES HUNDES UM UND INTEGRIERE GESUNDE LEBENSMITTEL WIE FRISCHES GEMÜSE, OBST UND MAGERES FLEISCH.

EUER FOTO

ERLEDIGT

DENTALHYGIENE-CHALLENGE

43

INTEGRIERE TÄGLICHE ZAHNREINIGUNGSÜBUNGEN WIE DAS KAUEN VON KAUSPIELZEUGEN ODER DAS GEBEN VON ZAHNREINIGUNGSLECKERLIS IN DIE ROUTINE DEINES HUNDES.

WIE HAT SICH DER ZUSTAND DER ZÄHNE UND DES ZAHNFLEISCHES DEINES HUNDES WÄHREND DER CHALLENGE VERBESSERT?

ERLEDIGT

ERSTE-HILFE-TRAINING-CHALLENGE

44

ABSOLVIERE EIN ERSTE-HILFE-TRAINING FÜR HUNDE UND ÜBE DIE WICHTIGSTEN MASSNAHMEN, DIE IM NOTFALL ANGEWENDET WERDEN KÖNNEN.

WIE SICHER FÜHLST DU DICH BEI DER ANWENDUNG VON ERSTE-HILFE-MASSNAHMEN BEI DEINEM HUND NACH ABSCHLUSS DER CHALLENGE?

ERLEDIGT

45

GESUNDE SNACK-ALTERNATIVEN-CHALLENGE

ERSETZE UNGESUNDE SNACKS DURCH GESUNDE ALTERNATIVEN WIE GEMÜSE ODER GETROCKNETE FRÜCHTE UND BEOBACHTE DIE REAKTION DEINES HUNDES.

WELCHE GESUNDEN SNACKS HAT DEIN HUND BEVORZUGT? HAT SICH SEIN ESSVERHALTEN GEÄNDERT?

ERLEDIGT

AUGEN- UND OHRENPFLEGE-CHALLENGE

46

FÜHRE REGELMÄSSIGE UNTERSUCHUNGEN DER AUGEN UND OHREN DEINES HUNDES DURCH UND PFLEGE SIE ENTSPRECHEND.

WIE HAT SICH DER ZUSTAND DER AUGEN UND OHREN DEINES HUNDES WÄHREND DER CHALLENGE ENTWICKELT?

ERLEDIGT

YOGA-CHALLENGE FÜR HUNDE

47

MACH YOGA-ÜBUNGEN MIT DEINEM HUND, UM SEINE FLEXIBILITÄT, ENTSPANNUNG UND BINDUNG ZU FÖRDERN.

HAT SICH DIE FLEXIBILITÄT UND ENTSPANNUNG DEINES HUNDES WÄHREND DER YOGA-CHALLENGE VERBESSERT? HAT ER EINE VORLIEBE FÜR BESTIMMTE YOGA-POSITIONEN GEZEIGT?

ERLEDIGT

AGILITY-PARCOURS-CHALLENGE

48

BAUE EINEN AGILITY-PARCOURS IM GARTEN ODER IM PARK AUF UND TRAINIERE MIT DEINEM HUND, UM SEINE BEWEGLICHKEIT, KOORDINATION UND GESCHICKLICHKEIT ZU VERBESSERN.

EUER FOTO

ERLEDIGT

MENTALES AGILITY-TRAINING-CHALLENGE

49

INTEGRIERE MENTALE AGILITY-ÜBUNGEN IN DIE ROUTINE DEINES HUNDES, WIE ZUM BEISPIEL DAS DURCHLAUFEN EINES HINDERNISPARCOURS IM WOHNZIMMER ODER DAS LÖSEN VON DENKSPORTAUFGABEN.

HAT SICH DIE KOGNITIVE FLEXIBILITÄT UND PROBLEMLÖSUNGSFÄHIGKEIT DEINES HUNDES WÄHREND DER CHALLENGE VERBESSERT? WELCHE STRATEGIEN VERWENDET ER, UM MENTALE HERAUSFORDERUNGEN ZU BEWÄLTIGEN?

ERLEDIGT

SCHLAFQUALITÄTS-OPTIMIERUNGS-CHALLENGE 50

SCHAFFE EINE OPTIMALE SCHLAFUMGEBUNG FÜR DEINEN HUND, INDEM DU IHM EINEN GEMÜTLICHEN SCHLAFPLATZ BEREITSTELLST UND FÜR EINE RUHIGE ATMOSPHÄRE SORGST.

HAT SICH DIE SCHLAFQUALITÄT DEINES HUNDES WÄHREND DER CHALLENGE VERBESSERT? WIE HAT SICH SEIN VERHALTEN UND SEINE ENERGIE AM NÄCHSTEN TAG VERÄNDERT?

NATUR UND ABENTEUER

ERLEDIGT

GIPFELSTÜRMER-CHALLENGE

51

BESTEIGE GEMEINSAM MIT DEINEM HUND EINEN BERG ODER HÜGEL UND GENIESSE DIE AUSSICHT VON OBEN.

WIE HAT SICH DEIN HUND BEIM AUFSTIEG VERHALTEN? HAT ER DIE AUSSICHT GENOSSEN? WIE WAR SEINE REAKTION AUF DIE UNGEWOHNTE HÖHE?

ERLEDIGT

STRANDSPAZIERGANG-CHALLENGE

52

MACH EINEN AUSGIEBIGEN SPAZIERGANG MIT DEINEM HUND AM STRAND UND LASST EUCH VOM MEERESRAUSCHEN UND DER FRISCHEN BRISE INSPIRIEREN.

WIE HAT SICH DEIN HUND AM STRAND VERHALTEN? HAT ER IM WASSER GESPIELT ODER DEN SAND ERKUNDET? WAS WAR SEIN LIEBLINGSMOMENT?

ERLEDIGT

WALDABENTEUER-CHALLENGE

53

ERKUNDE GEMEINSAM MIT DEINEM HUND EINEN WALDWEG UND ENTDECKT DIE VIELFÄLTIGE TIER- UND PFLANZENWELT.

WELCHE INTERESSANTEN GERÜCHE HAT DEIN HUND IM WALD AUFGENOMMEN? HAT ER ETWAS SPANNENDES ENTDECKT?

ERLEDIGT

WASSERSPORT-CHALLENGE

54

VERSUCHE GEMEINSAM MIT DEINEM HUND EINEN WASSERSPORT WIE STAND-UP-PADDLING ODER KAJAKFAHREN.

WIE HAT SICH DEIN HUND BEIM WASSERSPORT VERHALTEN? WAR ER NEUGIERIG ODER ZURÜCKHALTEND? HAT ER DAS ABENTEUER GENOSSEN?

ERLEDIGT

GEOCACHING-SCHATZSUCHE-CHALLENGE

55

BEGEBT EUCH AUF EINE GEOCACHING-SCHATZSUCHE UND SUCHT GEMEINSAM MIT EUREM HUND NACH VERSTECKTEN SCHÄTZEN IN DER NATUR, INDEM IHR GPS-KOORDINATEN FOLGT UND RÄTSEL LÖST.

EUER FOTO

ERLEDIGT

SURVIVAL-TRAINING-CHALLENGE

56

MACH EINEN AUSFLUG IN DIE WILDNIS UND ÜBE MIT DEINEM HUND GRUNDLEGENDE SURVIVAL-FÄHIGKEITEN WIE DAS AUFSPÜREN VON WASSERQUELLEN ODER DAS AUFSTELLEN EINES NOTLAGERS.

WIE HAT SICH DEIN HUND BEIM SURVIVAL-TRAINING GESCHLAGEN? HAT ER DIE NEUEN HERAUSFORDERUNGEN GEMEISTERT?

ERLEDIGT

SONNENUNTERGANGS-PICKNICK-CHALLENGE

57

GENIESST GEMEINSAM MIT DEINEM HUND EIN PICKNICK WÄHREND DES SONNENUNTERGANGS AN EINEM MALERISCHEN ORT.

WIE HAT DEIN HUND DAS PICKNICK UND DEN SONNENUNTERGANG ERLEBT? HAT ER SICH ENTSPANNT ODER WAR ER AUFGEREGT?

ERLEDIGT

58

FELSKLETTER-CHALLENGE

ERKLIMMT GEMEINSAM MIT DEINEM HUND EINEN FELSIGEN PFAD ODER EINEN KLETTERFELSEN UND GENIESST DIE HERAUSFORDERUNG UND DIE AUSSICHT.

WIE HAT SICH DEIN HUND BEIM FELSKLETTERN VERHALTEN? HAT ER SICH SICHER GEFÜHLT UND DIE AUSSICHT GENOSSEN?

ERLEDIGT

GEO-CACHING-CHALLENGE

59

BEGEBT EUCH AUF EINE GEO-CACHING-SCHATZSUCHE UND NUTZT EURE NAVIGATIONSFÄHIGKEITEN, UM VERSTECKTE SCHÄTZE ZU FINDEN.

WIE HAT SICH DEIN HUND BEIM GEO-CACHING VERHALTEN? HAT ER GEHOLFEN, DIE SCHÄTZE ZU FINDEN, ODER WAR ER MEHR DAMIT BESCHÄFTIGT, DIE UMGEBUNG ZU ERKUNDEN?

ERLEDIGT

SURVIVAL-WOCHENEND-ABENTEUER-CHALLENGE

60

PLANT EIN WOCHENENDABENTEUER IN DER WILDNIS, BEI DEM IHR EURE ÜBERLEBENSFÄHIGKEITEN TESTET, WIE ZUM BEISPIEL DAS ERRICHTEN EINES UNTERSTANDES, FEUERMACHEN UND DAS SAMMELN VON ESSBAREN PFLANZEN.

EUER FOTO

ERLEDIGT

61

NACHT-CAMPING-CHALLENGE

VERBRINGT EINE NACHT BEIM CAMPING IN DER NATUR UND ERLEBT DIE GERÄUSCHE UND DIE STILLE DER NACHT.

WIE HAT SICH DEIN HUND BEIM CAMPING VERHALTEN? HAT ER GUT GESCHLAFEN UND SICH SICHER GEFÜHLT?

ERLEDIGT

BERGBACH-ERKUNDUNG-CHALLENGE

62

GEHT GEMEINSAM MIT DEINEM HUND ENTLANG EINES BERGBACHES UND ERKUNDET DIE VERSCHIEDENEN WASSERFÄLLE UND POOLS.

WIE HAT SICH DEIN HUND BEIM ERKUNDEN DES BERGBACHES VERHALTEN? HAT ER GERNE IM WASSER GESPIELT ODER WAR ER VORSICHTIG?

ERLEDIGT

TIERBEOBACHTUNGS-CHALLENGE

63

BEOBACHTET GEMEINSAM MIT DEINEM HUND DIE TIERWELT IN IHRER NATÜRLICHEN UMGEBUNG UND NOTIERT EUCH, WELCHE TIERE IHR ENTDECKT.

WELCHE TIERE HABT IHR WÄHREND DER TIERBEOBACHTUNG GESEHEN? WIE HAT SICH DEIN HUND BEIM BEOBACHTEN VERHALTEN?

ERLEDIGT

BERGWANDERUNGS-GIPFELSTURM-CHALLENGE 64

BESTEIGT GEMEINSAM MIT EUREM HUND EINEN BERGGIPFEL UND GENIESST DIE SPEKTAKULÄRE AUSSICHT VON OBEN.

EUER FOTO

ERLEDIGT

WANDER-CHALLENGE AUF UNBEKANNTEN PFADEN

65

WANDERT GEMEINSAM MIT DEINEM HUND AUF UNBEKANNTEN PFADEN UND ENTDECKT NEUE LANDSCHAFTEN UND AUSBLICKE.

WIE HAT SICH DEIN HUND BEIM ERKUNDEN NEUER PFADE VERHALTEN? HAT ER DIE HERAUSFORDERUNG GENOSSEN?

ERLEDIGT

OUTDOOR-FOTOGRAFIE-CHALLENGE

66

MACHT EINE FOTOTOUR DURCH DIE NATUR UND HALTET DIE SCHÖNHEIT DER LANDSCHAFTEN UND DIE ABENTEUER MIT DEINEM HUND AUF BILDERN FEST.

WELCHE BESONDEREN MOMENTE HABT IHR WÄHREND DER FOTOTOUR ERLEBT? WIE HAT SICH DEIN HUND BEIM POSIEREN VOR DER KAMERA VERHALTEN?

ERLEDIGT

NATURSCHUTZ-CHALLENGE

67

NEHMT AN EINEM NATURSCHUTZPROJEKT TEIL, WIE ZUM BEISPIEL DEM PFLANZEN VON BÄUMEN ODER DEM REINIGEN VON WANDERWEGEN, UND LEISTET EUREN BEITRAG ZUM SCHUTZ DER UMWELT.

WIE HAT SICH DEIN HUND BEIM NATURSCHUTZPROJEKT VERHALTEN? HAT ER GEHOLFEN ODER WAR ER EHER EINE ABLENKUNG?

ERLEDIGT

HÖHLEN-ERKUNDUNGS-CHALLENGE

68

ERKUNDET GEMEINSAM MIT DEINEM HUND EINE HÖHLE ODER EINEN TUNNEL UND ERLEBT DAS ABENTEUER DER DUNKELHEIT UND DER ENTDECKUNG.

WIE HAT SICH DEIN HUND BEIM ERKUNDEN DER HÖHLE VERHALTEN? HAT ER SICH SICHER GEFÜHLT ODER WAR ER ÄNGSTLICH?

ERLEDIGT

KANUTOUR-ABENTEUER-CHALLENGE

69

MACHT EINE KANUTOUR AUF EINEM FLUSS ODER SEE UND ERKUNDET DIE UNBERÜHRTE NATUR VOM WASSER AUS.

EUER FOTO

ERLEDIGT

HERBSTLAUB-SPIELSPASS-CHALLENGE

70

TOBT GEMEINSAM MIT EUREM HUND DURCH HERBSTLICH GEFÄRBTE WÄLDER UND GENIESST DAS RASCHELN DER BLÄTTER UNTER EUREN FÜSSEN.

WIE HAT SICH DEIN HUND BEIM SPIELEN IM HERBSTLAUB VERHALTEN? HAT ER DEN HERBSTWIND GENOSSEN?

ERLEDIGT

MÄRCHENWALD-ERKUNDUNGS-CHALLENGE

71

ERKUNDET GEMEINSAM MIT DEINEM HUND EINEN MÄRCHENHAFTEN WALD UND LASST EURER FANTASIE FREIEN LAUF.

WIE HAT SICH DEIN HUND BEIM ERKUNDEN DES MÄRCHENWALDES VERHALTEN? HAT ER SICH WIE IN EINER ANDEREN WELT GEFÜHLT?

ERLEDIGT

SONNENUNTERGANGS-YOGA-CHALLENGE

72

MACH YOGA-ÜBUNGEN MIT DEINEM HUND WÄHREND DES SONNENUNTERGANGS IN EINEM MALERISCHEN NATURUMFELD.

WIE HAT SICH DEIN HUND BEIM YOGA IM FREIEN VERHALTEN? HAT ER SICH ENTSPANNT UND DEN SONNENUNTERGANG GENOSSEN?

ERLEDIGT

WINTERWUNDERLAND-ERKUNDUNGS-CHALLENGE

73

ERKUNDET GEMEINSAM MIT DEINEM HUND EINE VERSCHNEITE LANDSCHAFT UND GENIESST DAS WINTERWUNDERLAND.

WIE HAT SICH DEIN HUND BEIM SPIELEN IM SCHNEE VERHALTEN? HAT ER DEN SCHNEE GENOSSEN ODER WAR ER UNENTSCHLOSSEN?

ERLEDIGT

NATURKUNST-CHALLENGE

74

SAMMELT NATÜRLICHE MATERIALIEN WIE STEINE, ÄSTE UND BLUMEN UND KREIERT GEMEINSAM MIT DEINEM HUND KUNSTWERKE IN DER NATUR.

WELCHE KUNSTWERKE HABT IHR WÄHREND DER CHALLENGE GESCHAFFEN? HAT SICH DEIN HUND BEIM SAMMELN UND GESTALTEN AKTIV BETEILIGT?

ERLEDIGT

STERNENHIMMEL-BEOBACHTUNGS-CHALLENGE

75

MACHT EINE NÄCHTLICHE WANDERUNG AN EINEM KLAREN HIMMEL UND BEOBACHTET GEMEINSAM MIT EUREM HUND DIE STERNE UND DIE MILCHSTRASSE.

EUER FOTO

ALLTAGSBEWÄLTIGUNG UND TRAININGSTIPPS

ERLEDIGT

LEINENFÜHRIGKEITSTRAINING IM STADTZENTRUM

76

TRAINIERE MIT DEINEM HUND IN STARK FREQUENTIERTEN STÄDTISCHEN GEBIETEN, UM SEINE LEINENFÜHRIGKEIT UND SEIN VERHALTEN IN BELEBTEN UMGEBUNGEN ZU VERBESSERN.

WIE HAT SICH DAS VERHALTEN DEINES HUNDES BEIM SPAZIERENGEHEN IN DER STADT WÄHREND DER CHALLENGE VERBESSERT? HAT ER GELERNT, RUHIGER UND KONZENTRIERTER AN DER LEINE ZU LAUFEN?

ERLEDIGT

ANTI-BELL-TRAINING IM PARK

77

ÜBE MIT DEINEM HUND IM PARK DAS BELLEN AUF KOMMANDO ZU KONTROLLIEREN UND IHM ALTERNATIVE VERHALTENSWEISEN BEIZUBRINGEN.

HAT SICH DAS BELLEN DEINES HUNDES IM PARK WÄHREND DER CHALLENGE REDUZIERT? WIE ERFOLGREICH WAR DAS ANTI-BELL-TRAINING?

ERLEDIGT

AUTOFAHREN-ENTSPANNUNGS-CHALLENGE

78

GEWÖHNE DEINEN HUND AN DAS AUTOFAHREN UND HELFE IHM, ÄNGSTE ODER UNRUHE WÄHREND DER FAHRT ZU ÜBERWINDEN.

EUER FOTO

ERLEDIGT

WARTETRAINING AN DER HAUSTÜR

79

ÜBE MIT DEINEM HUND DAS WARTEN AN DER HAUSTÜR, BIS ER EINE ERLAUBNIS BEKOMMT, DAS HAUS ZU BETRETEN ODER ZU VERLASSEN.

HAT SICH DAS WARTEN DEINES HUNDES AN DER HAUSTÜR WÄHREND DER CHALLENGE VERBESSERT? KANN ER JETZT GEDULDIGER UND KONTROLLIERTER WARTEN?

ERLEDIGT

STADTSPAZIERGANG OHNE LEINE

80

TRAINIERE MIT DEINEM HUND DAS FREIE LAUFEN OHNE LEINE IN EINER SICHEREN STÄDTISCHEN UMGEBUNG UND ÜBE DAS ABRUFEN AUF DISTANZ.

WIE HAT SICH DAS FREIE LAUFEN DEINES HUNDES IN DER STADT WÄHREND DER CHALLENGE ENTWICKELT? KANN ER ZUVERLÄSSIG AUF DEINE KOMMANDOS REAGIEREN?

ERLEDIGT

ESSENSMANIEREN-TRAINING BEIM PICKNICK

81

TRAINIERE MIT DEINEM HUND GUTE ESSENSMANIEREN WÄHREND EINES PICKNICKS IM PARK ODER GARTEN UND LEHRE IHN, NICHT NACH ESSEN ZU BETTELN.

EUER FOTO

ERLEDIGT

WASSERFLASCHEN-TRAINING GEGEN SPRINGEN

82

NUTZE WASSERFLASCHEN, UM DEINEM HUND DAS UNERWÜNSCHTE VERHALTEN DES SPRINGENS AUF MENSCHEN ABZUGEWÖHNEN.

WIE EFFEKTIV WAR DAS WASSERFLASCHEN-TRAINING BEI DER REDUZIERUNG DES SPRINGENS DEINES HUNDES WÄHREND DER CHALLENGE? HAT ER SCHNELL GELERNT, DAS UNERWÜNSCHTE VERHALTEN ZU UNTERLASSEN?

ERLEDIGT

GESCHIRR- UND HALSBANDGEWÖHNUNG

83

GEWÖHNE DEINEN HUND SCHRITTWEISE AN DAS TRAGEN VON GESCHIRR UND HALSBAND UND SORGE DAFÜR, DASS ER SICH DAMIT WOHL FÜHLT.

HAT SICH DIE AKZEPTANZ DES GESCHIRRS UND HALSBANDS DEINES HUNDES WÄHREND DER CHALLENGE VERBESSERT? KANN ER SIE PROBLEMLOS TRAGEN UND SICH FREI BEWEGEN?

ERLEDIGT

TREPPENTRAINING FÜR SICHERHEIT

84

ÜBE MIT DEINEM HUND DAS SICHERE AUF- UND ABGEHEN VON TREPPEN, UM VERLETZUNGEN ZU VERMEIDEN UND SEINE SICHERHEIT ZU GEWÄHRLEISTEN.

EUER FOTO

ERLEDIGT

BEGEGNUNGSTRAINING MIT ANDEREN HUNDEN

85

ÜBE MIT DEINEM HUND DAS RUHIGE UND KONTROLLIERTE VERHALTEN BEI BEGEGNUNGEN MIT ANDEREN HUNDEN UND FÖRDERE POSITIVE INTERAKTIONEN.

HAT SICH DAS VERHALTEN DEINES HUNDES BEI BEGEGNUNGEN MIT ANDEREN HUNDEN WÄHREND DER CHALLENGE VERBESSERT? KANN ER JETZT GELASSEN UND FREUNDLICH REAGIEREN?

ERLEDIGT

ENTSPANNUNGSTRAINING IM CAFÉ

86

TRAINIERE MIT DEINEM HUND DAS RUHIGE VERHALTEN IN EINEM CAFÉ ODER RESTAURANT UND FÖRDERE SEINE FÄHIGKEIT, IN ÖFFENTLICHEN RÄUMEN ZU ENTSPANNEN.

WIE HAT SICH DAS VERHALTEN DEINES HUNDES IM CAFÉ WÄHREND DER CHALLENGE ENTWICKELT? KANN ER JETZT RUHIG BLEIBEN UND SICH ENTSPANNEN?

ERLEDIGT

87

HUNDEBEGEGNUNGS-TRAINING IM PARK

ÜBE MIT DEINEM HUND DAS RESPEKTVOLLE VERHALTEN BEI BEGEGNUNGEN MIT ANDEREN HUNDEN IM PARK UND FÖRDERE EINE POSITIVE SOZIALISATION.

WIE HAT SICH DAS VERHALTEN DEINES HUNDES BEI BEGEGNUNGEN MIT ANDEREN HUNDEN IM PARK WÄHREND DER CHALLENGE VERBESSERT? KANN ER JETZT FREUNDLICH UND KONTROLLIERT INTERAGIEREN?

ERLEDIGT

GEDULDSTRAINING BEIM WARTEN AUF ESSEN

88

LEHRE DEINEN HUND, GEDULDIG AUF SEIN FUTTER ZU WARTEN, UND FÖRDERE SEINE SELBSTKONTROLLE UND GEDULD.

EUER FOTO

ERLEDIGT

GEFAHRENPRÄVENTIONS-TRAINING IM HAUS

89

TRAINIERE MIT DEINEM HUND, POTENZIELLE GEFAHREN IM HAUS ZU ERKENNEN UND SICHER ZU NAVIGIEREN, UM VERLETZUNGEN ZU VERMEIDEN.

WIE SICHER UND AUFMERKSAM IST DEIN HUND BEIM NAVIGIEREN DURCH DAS HAUS WÄHREND DER CHALLENGE GEWORDEN? KANN ER POTENZIELLE GEFAHREN ERKENNEN UND IHNEN AUSWEICHEN?

ERLEDIGT

SPIELZEUGAUFRÄUM-TRAINING NACH DEM SPIELEN

90

LEHRE DEINEN HUND, NACH DEM SPIELEN SEINE SPIELZEUGE AUFZURÄUMEN UND FÖRDERE SEINE ORDNUNGSLIEBE UND SELBSTSTÄNDIGKEIT.

HAT SICH DAS AUFRÄUMEN DER SPIELZEUGE NACH DEM SPIELEN WÄHREND DER CHALLENGE VERBESSERT? KANN DEIN HUND JETZT EIGENSTÄNDIG SEINE SPIELZEUGE WEGBRINGEN?

ERLEDIGT

FREMDE-BEGRÜSSUNGS-TRAINING AN DER HAUSTÜR

91

ÜBE MIT DEINEM HUND DAS RESPEKTVOLLE VERHALTEN BEI DER BEGRÜSSUNG VON FREMDEN AN DER HAUSTÜR UND VERHINDERE ÜBERMÄSSIGES BELLEN ODER AUFDRÄNGEN.

WIE HAT SICH DAS VERHALTEN DEINES HUNDES BEI DER BEGRÜSSUNG VON FREMDEN AN DER HAUSTÜR WÄHREND DER CHALLENGE ENTWICKELT? KANN ER JETZT RUHIG BLEIBEN UND ANGEMESSEN REAGIEREN?

ERLEDIGT

SCHLAFENSZEIT-ROUTINE FÜR RUHE UND ENTSPANNUNG

92

ENTWICKLE EINE SCHLAFENSZEIT-ROUTINE FÜR DEINEN HUND, UM RUHE UND ENTSPANNUNG VOR DEM SCHLAFENGEHEN ZU FÖRDERN.

HAT SICH DIE SCHLAFQUALITÄT DEINES HUNDES WÄHREND DER CHALLENGE VERBESSERT? KANN ER JETZT BESSER EINSCHLAFEN UND DURCHSCHLAFEN?

ERLEDIGT

TIERARZTBESUCHS-TRAINING FÜR STRESSREDUKTION

93

BEREITE DEINEN HUND AUF TIERARZTBESUCHE VOR UND TRAINIERE IHN, DAMIT ER SICH ENTSPANNT UND RUHIG VERHÄLT, UM STRESS ZU REDUZIEREN.

WIE HAT SICH DAS VERHALTEN DEINES HUNDES BEIM TIERARZTBESUCH WÄHREND DER CHALLENGE VERBESSERT? KANN ER JETZT RUHIG BLEIBEN UND SICH UNTERSUCHEN LASSEN?

ERLEDIGT

BADEN- UND PFLEGE-TRAINING FÜR EINE STRESSFREIE PFLEGEROUTINE

94

GEWÖHNE DEINEN HUND SCHRITTWEISE AN DAS BADEN UND DIE PFLEGE, UM EINE STRESSFREIE PFLEGEROUTINE ZU ENTWICKELN.

WIE HAT SICH DAS VERHALTEN DEINES HUNDES WÄHREND DER PFLEGEROUTINE WÄHREND DER CHALLENGE VERBESSERT? KANN ER JETZT RUHIG BLEIBEN UND DIE PFLEGE GENIESSEN?

ERLEDIGT

RÜCKRUF-TRAINING IN ABLENKUNGSSITUATIONEN

95

ÜBE MIT DEINEM HUND DAS ZUVERLÄSSIGE RÜCKRUFKOMMANDO IN VERSCHIEDENEN ABLENKUNGSSITUATIONEN, UM SEINE AUFMERKSAMKEIT UND REAKTIONSFÄHIGKEIT ZU STÄRKEN.

WIE ZUVERLÄSSIG IST DER RÜCKRUF DEINES HUNDES IN ABLENKUNGSSITUATIONEN WÄHREND DER CHALLENGE GEWORDEN? KANN ER JETZT AUCH IN SCHWIERIGEN SITUATIONEN AUF DEINE KOMMANDOS REAGIEREN?

ERLEDIGT

SPIELZEUGTAUSCH-TRAINING FÜR RESSOURCENMANAGEMENT

96

TRAINIERE MIT DEINEM HUND DAS TAUSCHEN VON SPIELZEUGEN GEGEN BELOHNUNGEN, UM SEIN VERSTÄNDNIS FÜR RESSOURCENMANAGEMENT ZU FÖRDERN.

WIE ERFOLGREICH IST DEIN HUND BEIM TAUSCHEN VON SPIELZEUGEN WÄHREND DER CHALLENGE? HAT ER GELERNT, KOOPERATIV ZU SEIN UND SPIELZEUG GEGEN BELOHNUNGEN EINZUTAUSCHEN?

ERLEDIGT

WARTEZEIT-TRAINING BEIM TIERARZT

97

ÜBE MIT DEINEM HUND DAS RUHIGE WARTEN IN DER WARTEZIMMER DES TIERARZTES UND FÖRDERE SEINE GEDULD UND ENTSPANNUNG IN STRESSIGEN SITUATIONEN.

HAT SICH DAS VERHALTEN DEINES HUNDES WÄHREND DES WARTENS BEIM TIERARZT WÄHREND DER CHALLENGE VERBESSERT? KANN ER JETZT RUHIG BLEIBEN UND ENTSPANNEN, WÄHREND IHR AUF EUREN TERMIN WARTET?

ERLEDIGT

SCHLEPPLEINENTRAINING FÜR DIE FREIHEIT UND SICHERHEIT

98

TRAINIERE MIT DEINEM HUND DAS LAUFEN AN EINER SCHLEPPLEINE, UM IHM MEHR FREIHEIT BEIM SPAZIERENGEHEN ZU ERMÖGLICHEN, WÄHREND DU GLEICHZEITIG DIE KONTROLLE BEHÄLTST.

WIE HAT SICH DAS VERHALTEN DEINES HUNDES BEIM LAUFEN AN DER SCHLEPPLEINE WÄHREND DER CHALLENGE ENTWICKELT? KANN ER JETZT SICHER UND KONTROLLIERT LAUFEN, WÄHREND ER MEHR FREIHEIT GENIESST?

ERLEDIGT

AUTOWARTE-TRAINING FÜR SICHERHEIT BEIM EIN- UND AUSSTEIGEN

99

LEHRE DEINEN HUND DAS RUHIGE WARTEN IM AUTO, WÄHREND DU EIN- UND AUSSTEIGST, UM UNFÄLLE UND VERLETZUNGEN ZU VERMEIDEN.

WIE SICHER UND GEDULDIG IST DEIN HUND BEIM WARTEN IM AUTO WÄHREND DER CHALLENGE GEWORDEN? KANN ER JETZT RUHIG BLEIBEN, WÄHREND DU EIN- UND AUSSTEIGST?

ERLEDIGT

100

UMWELTTRAINING FÜR VERTRAUEN UND SELBSTSICHERHEIT

ÜBE MIT DEINEM HUND DAS ERKUNDEN NEUER UMGEBUNGEN UND FÖRDERE SEIN VERTRAUEN UND SEINE SELBSTSICHERHEIT IN UNBEKANNTEN SITUATIONEN.

EUER FOTO

FOTO

DATUM:

FOTO

DATUM:

FOTO

DATUM:

Hat dir das Buch gefallen?

Oder hat dir etwas nicht gefallen?

Schreib uns eine E-Mail:
support@th-publishing.de

Impressum
Die Autorin Saskia Lanken ist vertreten durch:
Daniel Thiele, Kirchweg 22, 55234 Freimersheim

ISBN Paperback: 9798325945908
1.Auflage 2024

Printed in Poland
by Amazon Fulfillment
Poland Sp. z o.o., Wrocław

35525126R10065

DNVB

Digitally Native Vertical Brands

LES SURDOUÉES DU COMMERCE DIGITAL